N° 2.   Avril 1904

TABLE PERPÉTUELLE
DES
TEXTES LÉGISLATIFS

PAR
E. LEFRANÇOIS
Docteur en droit
Avocat à la Cour d'Appel de Grenoble

Publication trimestrielle de mise au courant paraissant
en janvier, avril, juillet et octobre.

PAR
E. SCHAFFHAUSER
Avocat, Docteur en droit
Directeur des « Lois Nouvelles »

Avec la Collaboration de **H. CHEVRESSON**, Avocat à la cour d'Appel de Paris

---

Les LOIS NOUVELLES forment le complément nécessaire
de la table perpétuelle. En effet, cette revue publie les commentaires et le texte des lois et décrets dès leur promulgation. Sa
périodicité très rapprochée lui permet de remplir aisément cette
partie de son programme.

Les LOIS NOUVELLES sont absolument indispensables à
toute personne qui désire être tenue au courant de l'évolution
législative.

ABONNEMENT ANNUEL : PARIS ET DÉPARTEMENTS : **15** FR.

Voir au dos la notice complète

Le service de fiches d'avril 1904 comprend la législation depuis janvier
1904, il s'arrête au n° des *Lois nouvelles* du 15 mars 1904 inclus et aux
cahiers (*inclus*) du Sirey n° 2 de 1904, du Dalloz n° 3 de 1904, des Pandectes
françaises n° 2 de 1904 et au 2ᵉ semestre 1903 de la Gazette du Palais.

Voir ci-contre la liste des fiches envoyées.

PARIS
AUX BUREAUX DES LOIS NOUVELLES
31 *bis*, Rue du Faubourg-Montmartre, 31 *bis*.

1904

PARIS, 31 *bis*, RUE DU FAUBOURG-MONTMARTRE, PARIS

LES LOIS NOUVELLES

REVUE DE LÉGISLATION ET DE JURISPRUDENCE

EMILE SCHAFFHAUSER

AVOCAT, DOCTEUR EN DROIT, RÉDACTEUR EN CHEF.

H. CHEVRESSON, *Secrétaire de la Rédaction.*

ABONNEMENT ANNUEL : PARIS ET DÉPARTEMENTS, 15 fr. — ÉTRANGER, 18 fr.

Tout souscripteur à la Table perpétuelle a le plus grand intérêt à souscrire également un abo nement aux LoisNouvelles. En effet ce recueil publie les commentaires et le texte des lois et décr dès leur promulgation, ce que *sa périodicité très rapprochée lui permet de faire aisément,* à la d férence des autres recueils, dans lesquels les textes paraissent tardivement. D'autre part, il suffit de reporter à la table perpétuelle pour se rendre compte que *tous les textes sont publiés dans les L Nouvelles,* tandis qu'ils sont l'objet d'une sélection dans les autres recueils. Enfin, *la table perp tuelle renvoie à tous les commentaires des lois* publiés dans la Revue des *Lois Nouvelles.*

Les **LOIS NOUVELLES** sont absolument **indispensables à toute personne qui désire êt tenue au courant de l'évolution législative.**

Les *Lois Nouvelles* comprennent quatre parties formant des fascicules séparés, ayant chacun u pagination spéciale qui permet de les réunir à la fin de l'année.

Les *Lois Nouvelles* paraissent le **1er** et le **15** de chaque mois. Chaque numéro comprend **soixant quatre pages.**

La 1re partie, intitulée **Revue de législation,** comprend le commentaire de toutes les lois nouvell présentant un intérêt général. Toute loi importante **est commentée deux fois.** Un premier comme taire paraît **dès la promulgation de la loi,** un second est publié aussitôt que la jurisprudence et doctrine se sont fixées sur son application.

La 2e partie, intitulée **Revue des travaux législatifs,** comprend l'étude des travaux parleme taires. Tout projet de loi important est analysé et apprécié en un article spécial.

Enfin, le 15 de chaque mois paraît **un tableau,** comprenant, par ordre alphabétique, l'indication d travaux parlementaires effectués dans les deux Chambres pendant le **Mois précédent.**

La 3e partie, intitulée **Lois et Décrets,** renferme non seulement tous les textes d'intérêt génér mais encore les circulaires ministérielles relatives à leur application, et se trouve être ainsi le **suppl ment le plus complet de tous les codes.**

Les textes paraissent toujours **dans la quinzaine de leur promulgation.** Ils sont annotés quar leur importance le comporte.

La 4e partie, intitulée **Revue de jurisprudence,** publie des études de jurisprudence sur toutes l lois nouvelles.

La collection des *Lois Nouvelles* comprenant les années 1896-1903 au prix de 80 fr.
Avec la Table générale des matières de l'origine à l'année 1900 inclus.
Le paiement a lieu au gré du souscripteur.
Il est fait un escompte de 10 0/0 au cas de paiement comptant.

L'envoi a lieu franco, expédition et recouvrement.

V. à la page suivante la liste des fiches comprises dans ce service

ALCOOL 3

L. fin. 30 mars 1902.

L. N. 1902-3-130. — D. P. 1902-4-60. — S. 1902-415. — P. F. 1902-3-70.— *J. off.* du 30.— V. Commentaire *Lois nouv.* 1902-1-229.

Art. 13 : Circulation des alcools entre la France, l'Algérie et la Corse.

Art. 14 : Obligations et contrôle des détenteurs d'alambics dans Paris.

Art. 15 et 16 : Modif. l'art. 59 de la loi du 25 février 1901.

D. 26 mars 1903.

L. N. 1903-3-145.— *J. off.* du 29 mars.

Fixant le taux de la taxe de fabricat. des alcools d'origine industrielle pendant l'année 1904.

L. fin. 31 mars 1903.

L. N. 1903-3-111. — D. P. 1903-4-17. — S. 1903-570. — P. F. 1903-3-52.— *J. off.* du 31 mars. — V. Commentaire *Lois nouv.* 1903-1-163 (L. fin.), et 1903-1-201 (contribut. indir. ; bouilleurs de cru).

Art. 12 et s. : Fabricants d'appareils distillatoires et loueurs d'alambics ambulants ; régime nouveau des bouilleurs de cru.

Art. 28, 29 : Alcools dénaturés ; suppression de toutes taxes d'octroi ; revivification ; pénalités.

A. 2 avril 1903.

L. N. 1903-3-152. — P. F. 1903-3-72. — *J. off.* du 4 avril.

Détermin. les condit. que doiv. présenter les appareils considérés comme alambics d'essai.

D. 19 août 1903 (2 textes).

L. N. 1903-3-359 et 368. — S. 1903-607 et 609. — P. F. 1903-3-161 et 163. — *J. off.* du 24 août.

Réglem. d'admin. publ. : 1° sur l'applicat. des art. 18 à 22, L. fin. 31 mars 1903, et le régime applicab. aux bouilleurs de cru.

2° Sur l'applicat. des art. 12 à 17 et 26, L. fin. 31 mars 1903, rel. au contrôle des alambics chez les fabricants.

D. 15 janvier 1904.

L. N. 1904-3-49. — *J. off.* du 19 janvier.

Modif. et complét. div. art. du D. 27 déc. 1884, rel. à la vérificat. des alcoomètres.

D. 18 février 1904.

L. N. 1904-3-56. — *J. off*. du 21 février.
Fix. le taux de la taxe de fabricat. par hectolitre d'alcool pur établi par les L. L. 25 février 1901 et 30 mars 1902.

L. 4 mars 1904.

L. N. 1904-3-57. — *J. off*. du 6 mars.
Concern. l'échange entre la France et l'Algérie des titres de mouvement pr. le transport des spiritueux.

D. 21 septembre 1903.

L. N. 1903-3-396. — *J. off.* du 27 septembre 1903.
Réorganis. les Consistoires israélites algériens.
Erratum. — V. *Lois nouv.* 1903-3-437. — *J. off.* du 26 novembre 1903.

D. 21 septembre 1903.

L. N. 1903-3-399. — P. F. 1903-3-166. — *J. off.* du 24 septembre.
Rendant exécutoires en Algérie les disposit. de l'art. 7, L. 28 janvier 1903, sur le sucrage des vins.

D. 6 octobre 1903.

L. N. 1903-3-401. — P. F. 1903-3-168. — *J. off.* du 9 octobre., L. Réglem. d'admin. pub. pr. l'exécut., en Algérie, de l'art. 7 28 janvier 1903, et rel. au sucrage des vendanges.

D. 27 octobre 1903.

P. F. 1904-3-16. — *J. off.* du 12 novembre 1903.
Fix. les traitem. attrib. aux vétérinaires chefs en Algérie.

D. 9 novembre 1903.

L. N. 1903-3-409. — P. F. 1904-3-29. — *J. off.* du 17 novembre.
Modif. les art. 22, 23, 24, 26 et 29, D. 31 mars 1902, rel. aux chambres d'agriculture en Algérie.

D. 1er décembre 1903.

L. N. 1903-3-438. — P. F. 1904-3-31. — *J. off.* du 3 décembre.
Régl. les frais de transport des magistrats, greffiers et interprètes des just. de paix et des trib. de 1re instance des arrondissem. de Tizi-Ouzou et de Bougie, pr. l'instruction des affaires civiles en matière kabyle.

D. 3 décembre 1903.

L. N. 1903-3-439. — P. F. 1904-3-32. — *J. off.* du 4 décembre.
Fixant, à partir du 1er janvier 1904, le droit de consommation des alcools fabriqués ou introduits en Algérie.
Erratum. — V. *Lois nouv.* 1904-4-18. — *J. off.* du 30 décembre 1903.

D. 3 décembre 1903.

L. N. 1903-3-439. — P. F. 1904-3-32. — *J. off.* du 4 décembre.
Déclar. exécutoires en Algérie l'art. 4, L. 28 janvier 1903, rel. au régime des sucres et le D. 26 juin 1903, déterminant le mode d'applicat. de cet article.

D. 3 décembre 1903.

L. N. 1903-3-440. — *J. off.* du 5 décembre.
Homolog. une décision de l'assemblée plénière des Délégat. finan-cières, rel. à l'établissem. en Algérie d'une taxe sur les compagnies et soc. d'assurances contre l'incendie.

D. 3 décembre 1903.

L. N. 1904. 3. 31. — *J. off.* du 5 déc. 1903.
Rel. aux règles de perception pr. le recouvre m. de la taxe ci-dessus

D. 4 décembre 1903.

L. N. 1904. 3. 26. — P. F. 1904. 3. 32. — *J. off.* du 13 déc. 1903.
Modif. et complèt. l'art. 1er, D. 2 août 18 98, portant organisat. du service des douanes en Algérie.

D. 10 décembre 1903.

L. N. 1904. 3. 26. — *J. off.* du 13 déc. 1903.
Prohib. l'importat., en France et en Algérie, des monnaies d'or et d'argent n'ay. plus cours légal ds. leur pays d'origine.

D. 11 décembre 1903.

L. N. 1904. 3. 26. — P. F. 1904. 4. 26. — *J. off.* du 23 déc. 1903.
Faisant applicat. à l'Algérie des L. L. 7 déc. 1874 et 19 avril 1898 sur la protect. des enfants employ. ds. les professions ambulantes.

D. 19 décembre 1903.

L. N. 1904. 3. 27. — *J. off.* du 22 déc. 1903.
Déclar. exécutoires en Algérie les art. 23, 24, L. 31 mars 1903, rel. à la délivrance des titres de mouvem. pr. la circulat. des alcools.

D. 23 décembre 1903.

P. F. 1904. 3. 25. — *J. off.* du 25 déc.
Rel. à l'octroi de mer en Algérie.

L. fin. 30 décembre 1903.

L. N. 1904. 3. 1. — P. F. 1904. 3. 17. — *J. off.* du 31 déc. 1903. — V.
Commentaire *Lois nouv.* 1904. 1. 1.
Art. 9 : Amendes ; saisies et confiscat. ; ser vice des pensions civiles ; affaires suivies en Algérie ; part affectée.

L. 30 décembre 1903.
D. 30 décembre 1903.

L. N. 1904-3-13 et 15. — *J. off*. du 31 déc. 1903.

1º Autoris. la percept. des droits, produits et revenus applicab. au budget spécial de l'Algérie pr. l'exercice 1904.

2º Régl. le budget spécial de l'Algérie pr. 1904.

D. 30 décembre 1903.

L. N. 1904-3-16. — P. F. 1904-3-20. — *J. off*. du 31 déc. 1903.

Réglem. d'admin. pub. pr. l'exécut. de l'art. 6, L. 24 déc. 1902, rel. à l'organisat. des territoires du sud de l'Algérie.

L. 4 mars 1904.

L. N. 1904-3-57. — *J. off*. du 6 mars.

Concern. l'échange entre la France et l'Algérie des titres de mouvement pr. le transport des spiritueux.

L. 27 décembre 1900.

L. N. 1901-3-9. — D. P. 1901-4-9. — S. 1901-17. — P. F. 1901-3-129.
— G. P. 1901-1-1. — *J. off.* du 28. — V. Commentaire *Lois nouv.*
1901-1-1.
Relative à l'amnistie.

C. 26-27 décembre 1900.

L. N. 1901-3-7 et 1901-1-7. — *J. off.* du 27.
Du ministre de la marine, relative aux mesures à prendre à l'égard
des déserteurs et insoumis en exécution de la loi.

C. 31 décembre 1900.

L. N. 1901-1-119.
Du ministre des finances sur l'application du texte ci-dessus.

Instr. 7 janvier 1901.

L. N. 1901-1-53 et 1901-3-26.
Du min. guerre, même objet.

C. 7 janvier 1901.

L. N. 1901-3-85.
Applic. de la loi ; paiement des droits et frais ; dispos. inapplic. au
cas où il n'existe pas de condamn. passée en force de chose jugée.

C. 29 janvier 1901.

L. N. 1901-1-55. — P. F. 1902-3-6. — *J. off.* du 31.
Du ministre de la marine ; applic. de la loi.

C. 22 mars 1901.

L. N. 1901-3-121.
Applic. de l'art. 1er, nos 6 et 7, et art. 2, n° 1. — Condamnation pron.
postérieurement à la promulgation de la loi pour des faits antérieurs
au 15 décembre 1900.

L. 30 décembre 1903.

L. N. 1904-3-11. — P. F. 1904-3-21. — *J. off.* du 31 déc. 1903.
Rel. à l'amnistie pr. faits de grève et faits connexes.

ASSISTANCE JUDICIAIRE 3
ET TRAITÉS INTERNATIONAUX Y RELATIFS

C. 16 juin 1902.

L. N. 1902-3-327.
Mémoires (rédaction des) ; huissiers ; exécution (actes d') ; témoins instrumentaires (avances aux) ; — Taxe des mémoires de transports ; magistrat compétent.

C. 23 juin 1902.

L. N. 1902-3-337.
Contrainte par corps exercée à la requête d'un particulier admis au bénéf. de l'ass. jud. ; frais (recouvrement des).

C. 30 octobre 1902.

L. N. 1903-3-46.
Contrainte par corps ; partie civile assistée judic. ; aliments, dispense de consignation ; recouvrement des frais et émoluments dus aux offic. minist.

C. 22 novembre 1902.

L. N. 1903-3-100.
Assist. jud. ; exécutoires supplémentaires ; redressement d'erreurs ds. l'intérêt de la comptab. publiq. ; affaires commerciales ; arbitres rapporteurs.

C. 1er décembre 1902.

L. N. 1903-3-102.
Experts ; affaires de parties civiles ; frais ; provision ; consignation dispense en cas d'ass. jud.

C. 11 mars 1903.

L. N. 1903-3-232.
Du minist. just. — Publicité à donner aux prescript. des LL. 22 janvier 1851 et 10 juill. 1902, rel. aux formalités à remplir pr. pouv. solliciter le bénéfice de l'ass. jud.

L. fin. 31 mars 1903.

L. N. 1903-3-111. — D. P. 1903-4-17. — S. 1903-570. — P. F. 1903-3-52. — *J. off.* du 31 mars. — V. Commentaire *Lois nouv.* 1903-1-163 (L. fin.) et 1903-1-201 (Contrib. indir. ; bouilleurs de cru).
Art. 60 : Juridictions d'instruction et de répression ; partie civile judiciairement assistée ; dépens (recouvrement des) ; percepteurs : poursuites, porteurs de contraintes ; notification par la poste.

C. 26 octobre 1903.

L. N. 1904-3.54.
Du min. just. — Amendes et condamnat. pécuniaires ; recouvrement ; extraits de jugem. et arrêts ; exécutoires ; greffiers ; parties civiles pourvues de l'assist. jud.

ASSISTANCE PUBLIQUE

D. 14 avril 1888.

L. N. 1888-2-44. — D. P. 1888-4-44. — S. 1888-377. — P. F. 1888-3-13. — *J. off*. du 15.
Instituant un Cons. supérieur de l'Assist. publiq.

D. 15 janvier 1894.

L. N. 1894-3-26. — D. P. 1895-4-32. — S. 1895-1063. — P. F. 1895-3-14. — *J. off*. du 21.
Réorganis. du Cons. supérieur de l'Assist. publiq.

D. 23 avril 1900.

D. P. 1902-4-16.
Effectif maximum des 1res classes des inspecteurs des enfants assistés.

D. 11 mars 1901.

P. F. 1901-3-155. — *J. off*. du 14.
Fixant la composit. du Cons. supérieur de l'Assist. publiq.

L. 8 juillet 1901.

L. N. 1901-3-166. — D. P. 1902-4-13. — S. 1902-365. — P. F. 1902-3-16. — G. P. 1901-2-742. — *J. off*. du 9.
Modif. la L. 10 août 1871 en ce qui concerne l'incompatibilité appliquée aux médecins de l'Assist. publiq.

D. 31 décembre 1903.

L. N. 1903-3-50. — *J. off*. du 7 janvier 1904.
Rel. aux récompenses pouv. être accordées pr. services rendus à l'Assist. publiq.

C. 5 octobre 1903.

L. N. 1903-3-370. — S. 1903-617. — G. P. 1903-2-9. — *J. off.* du 20 octobre 1903.
Rel. à l'applicat. du D. 15 août 1903, ci-dessus (V. Frais de justice).

C. 1er décembre 1903.

L. N. 1904-3-59.
Ventes judic. d'immeub. dont le prix n'excède pas 2.000 francs ; vérificat. des frais ; modificat. apportées au tarif des avoués.

___

L. 31 mars 1903.

L. N. 1903-3-111. — D. P. 1903-4-17. — S. 1903-570. —
1903-3-52. — *J. off.* du 31. — V. Commentaire *Lois nouv.* 1903
(L. fin.), et *ibid.*, p. 201 (contrib. indir. ; bouilleurs de cru).

Portant fixat. du budget général des dépenses et des recet
l'exercice 1903.

L. 13 juillet 1903.

L. N. 1903-3-234. — D. P. 1903-4-75. — P. F. 1903-3-102. —
du 15 juillet.

Rel. aux contribut. directes et aux taxes assimilées de l'ex
1904.

L. 30 décembre 1903.

L. N. 1904-3-1. — P. F. 1904-3-17. — *J. off.* du 31 déc. 1903.
Commentaire *Lois nouv.* 1904-1-1.

Portant fixat. du budget génér. des dépenses et des recet
l'exercice 1904.

C. 13 juin 1901.

L. N. 1901-3-291.
Extraits pr. admission ds. les soc. de sec. mutuels ; enregistr. gratis.

C. 15 avril 1902.

L. N. 1902-3-250.
Du min. just. — Duplicata des bulletins n° 1 (guerre et marine) ; vérifications des antécédents des appelés des classes.

Décision mai-juin 1902.

L. N. 1902-3-330.
Cession d'offices ; bulletin n° 2 du casier judiciaire du candidat ; frais à sa charge.

Décision janvier-février 1903.

L. N. 1903-3-178.
Du min. just. — Casier (recherches au) ; débits de boissons ; service du jury ; syndicats professionnels ; établissements d'instruction ou d'enseignement ; état des récidives ; frais de justice.

Arr. 16 juin 1903.

L. N. 1903-3-244. — P. F. 1903-3-174. — *J. off.* du 11 juillet.
Rel. à la délivrance aux autorités militaires des bulletins n° 2 du casier judic. et au paiement de ces bulletins.

C. 4 septembre 1903.

P. F. 1903-3-173. — *J. off.* du 8 septembre.
Du min. guerre, rel. aux disposit. de l'arrêté du 16 juin 1903, ci-dessus.

CHASSE 2

C. 12 mai 1903.

L. N. 1903-3-424.
Du min. just. — Confiscat. des armes ou engins ; description aux procès-verbaux ; dépôt au greffe.

C. 28 mai 1903.

L. N. 1903-3-244.
Du min. de l'intérieur. — Police de la chasse ; descript. exacte par les agents verbalisateurs des armes ou engins ay. servi à commettre un délit de chasse.

L. fin. 30 décembre 1903.

L. N. 1904-3-1. — P. F. 1904-3-17. — *J. off.* du 31 déc. 1903. — V. Commentaire *Lois nouv.* 1904-1-1.
Art. 28 : Organis. ds. les forêts domaniales, la destruction des sangliers par les agents forestiers.

CODE CIVIL
(Articles modifiés).

LIVRE PREMIER

TITRE I. — DE LA JOUISSANCE DES DROITS CIVILS.

TITRE II. — ACTES DE L'ETAT-CIVIL.

TITRE III. — DOMICILE.

TITRE V. — MARIAGE.

TITRE VI. — DIVORCE.

CODE CIVIL 2
(Articles modifiés).

TITRE VII. — PATERNITÉ ET FILIATION.

Art. 313	L. 18 avril 1886........	V. Divorce. — Séparation.
— 331	L. 17 août 1897........	V. Etat-Civil.

TITRE VIII. — ADOPTION.

Art. 353 à 354	L. 17 mai 1900........	V. Etat-Civil.

TITRE XI. — MAJORITÉ, INTERDICTION, CONS. JUD.

Art. 501	L. 16 mars 1893........	V. Interdiction.

LIVRE DEUXIÈME

TITRE II. — PROPRIÉTÉ.

Art. 563	L. 8 avril 1898........	V. Eaux.

TITRE IV. — SERVITUDES.

Art. 641 à 643	L. 8 avril 1898........	V. Eaux.
— 666 à 673	L. 20 août 1881........	V. Code rural.
— 682 à 685	L. 20 août 1881........	id.

LIVRE TROISIÈME

TITRE I. — SUCCESSIONS.

Art. 723 à 724	L. 25 mars 1896........	V. Enfants.
— 756 à 766	L. 25 mars 1896........	V. id.
— 767	L. 9 mars 1891........	V. Conjoint surviv.
— 773 (abrogé)	L. 25 mars 1896........	V. Enfants.
— 843 à 844	L. 24 mars 1898........	V. Rapport à success.

TITRE II. — DONATIONS ET TESTAMENTS.

Art. 908	L. 25 mars 1896........	V. Enfants.
— 913 à 915	L. 25 mars 1896........	id.
— 919	L. 24 mars 1898........	V. Rapport à success.
— 980	L. 7 décembre 1897.....	V. Témoins.
— 981 à 982	L. 17 mai 1900........	V. Testaments
— 983 à 984	L. 8 juin 1893........	id.
— 988 à 998	L. 8 juin 1893........	id.
— 1007	L. 25 mars 1899........	id.
— 1094	L. 14 février 1900......	V. Disp. entre époux; quotité dispon.

TITRE III. — CONTRATS.

Art. 1153	L. 7 avril 1900........	V. Intérêt de l'argent.

L. 16 novembre 1903.

L. N. 1903-3-421. — D. P. 1903-4-80. — P. F. 1904-3-1. — *J. off.* du 17. — V. Commentaire *Lois nouv.* 1903-1-753.
Modif. la L. 9 juillet 1902, rel. aux actions de priorité.

L. 30 décembre 1903.

L. N. 1904-3-11. — *J. off.* du 31 déc. 1903.
Rel. à la réhabilitation des faillis (modif. les art. 604-612 C. comm.),

---

L. 4 avril 1889.

L. N. 1889-3-61. — D. P. 1889-4-34. — S. 1889-552. — P. F. 1889-3-16. — G. P. 1889-1-8. — V. Commentaire *Lois nouv.* 1890-1-1.
Animaux employés à l'exploitat. des propriétés rurales.

L. 9 juillet 1889.

L. N. 1889-3-161. — D. P. 1890-4-20. — S. 1889-554. — P. F. 1889-3-48. — G. P. 1889-2-3. — V. Commentaire *Lois nouv.* 1890-1-57.
Parcours, vaine pâture, bans de vendanges, ventes du blé en vert, durée du louage des domestiq et ouvriers ruraux.

L. 18 juillet 1889.

L. N. 1889-3-209. — D. P. 1890-4-22. — S. 1889-558. — P. F. 1889-3-47. — G. P. 1889-2-16. — V. Commentaire *Lois nouv.* 1890-1-759.
Sur le colonat partiaire.

L. 22 juin 1890.

L. N. 1890-3-202. — D. P. 1890-4-115. — S. 1891-1. — P. F. 1891-3-26. — G. P. 1889-2-1. — V. Commentaire *Lois nouv.* 1890-1-801.
Modif. les art. 2, 5 et 12 de la L. 9 juillet 1889.

C. 5 août 1890.

L. N. 1890-3-309.
Sur l'applicat. de ce texte.

L. 31 juillet 1895.

L. N. 1895-3-131. — D. P. 1895-126. — S. 1895-1121. — P. F. 1896-3-75. — G. P. 1895-2-2. — V. Commentaire *Lois nouv.* 1895-1-45.
Modif. les L. 21 juillet 1881 et 2 août 1884 (ventes et échanges d'animaux domest.).

L. 8 mars 1898.

L. N. 1898-3-48. — D. P. 1898-4-35. — S. 1898-553. — P. F. 1899-3-81. — G. P. 1898-1-2. — *J. off.* du 11. — V. Commentaire *Lois nouv.* 1898-1-208.
Sur les vignes à complant.

L. 8 avril 1898.

L. N. 1898-3-126. — D. P. 1898-4-136. — S. 1898-662. — P. F. 1899-3-113. — G. P. 1898-1-11. — V. Commentaire *Lois nouv.* 1898-1-453.
Sur le régime des Eaux.

L. 21 juin 1898.

L. N. 1898-3-180. — D. P. 1898-4-125. — S. 1899-705. — P. F. 1900-3-1. — G. P. 1898-1-15. — V. Commentaire *Lois nouv.* 1899-1-77.
Sur la police rurale

D. 21 août 1903 (2 textes).

L. N. 1903-3-391 et 392. — *J. off.* du 28 août.
1° Appliq. aux. colonies les disposit. de la Convention de Bruxelles rel. au régime des sucres. (*V. infrà*, Traités de commerce, L. 27 janvier 1903).
2· Modif. en ce qui concerne les sucres, le tarif spécial des douanes à la Martinique, en Indo-Chine et ds. les établissem. français de l'Océanie.

D. 17 septembre 1903.

L. N. 1903-3-394. — *J. off.* du 26 septembre.
Appliq. à la Cochinchine la L. 6 avril 1901 rel. aux caisses d'épargne.

D. 19 septembre 1903.

P. F. 1903-3-166. — *J. off.* du 26 octobre 1903.
Portant modificat. au D. 6 avril 1900, réorganisant le personnel des administrat. colon.

D. 19 octobre 1903 (3 textes).

L. N. 1903-3-403. — *J. off.* du 23 octobre.
1° Modif. le tableau annexé au D. 9 mai 1892, rel. au régime douanier ds. les établissem. français de l'Océanie.
2° Modif. l'art. 1er, D. 21 août 1903, rel. au tarif général douanier des sucres en Indo-Chine.
3° Modif. l'art. 1er, D. 21 août 1003, rel. au tarif général douanier des sucres à la Martinique.

D. 19 octobre 1903.

L. N. 1903-3-404. — P. F. 1903-3-169. — *J. off.* du 27 octobre.
Modif. l'art. 160, D. 20 nov. 1882, rel. aux paiements à faire aux illettrés.

D. 21 octobre 1903.

P. F. 1903-3-169. — *J. off.* du 27 octobre.
Modif. le D. 15 octobre 1902, portant créat. d'un conseil de gouvernem. de l'Afrique occidentale franç.

D. 21 octobre 1903.

P. F. 1904-3-23. — *J. off.* du 17 déc. 1903.
Portant modificat. au D. 1er déc. 1889, sur la réglementat. des congés et le mode de payem. de la solde de congé des fonctionn. et agents aux col.

D. 23 octobre 1903.

L. N. 1904-3-18. — *J. off.* du 6 déc. 1903.
Rel. à l'organisat. du service de la justice milit. dans les troupes coloniales.

D. 28 octobre 1903.

P. F. 1904-3-16. — *J. off.* du 1er nov. 1903.
Autoris. les agents du service topographiq. de l'Afriq. occidentale franç. à effectuer des versements à la Caisse des dépôts et consignat.

D. 8 novembre 1903.

L. N. 1903-3-408. — P. F. 1903-3-172. — *J. off.* du 14 novembre.
Modif. pr. les colonies du Sénégal et dépendances, les délais d'ajournement en matière civile et commerciale.

D. 10 novembre 1903 (2 textes).

L. N. 1903-3-442 et 1904-3. 32 et 45. — *J. off.* du 24 novembre.
1° Portant réorganisat. du service de la justice ds. les colonies relevant du gouvernem. général de l'Afrique occidentale.
2° Fix. le traitem., la parité d'office et le costume du personnel judic. ds. ces mêmes col.

D. 20 novembre 1903.

L. N. 1904-3-47. — *J. off.* du 24 nov. 1903.
Portant modificat. au D. 31 mai 1903, organisant la propriété foncière aux îles Marquises.

D. 22 novembre 1903.

L. N. 1903-3-437. — *J. off.* du 28 novembre.
Remettant provisoirem. en vigueur les disposit. du D. 26 sept. 1890, rel. à la répartition des dépenses de l'enseignement primaire.

D. 27 novembre 1903.

P. F. 1904-3-32. — *J. off.* du 4 déc. 1903.
Modif. l'art. 22, D. 20 nov. 1867, rel. à l'organisat. du corps milit. des surveillants des établissem. pénitentiaires aux col.

D. 4 décembre 1903.

P. F. 1904-3-30. — *J. off.* du 13 déc. 1903.
Rel. au séjour des étrangers ds. les établissem. franç. de l'Océanie.

L. fin. 30 décembre 1903.

L. N. 1904-3-1. — P. F. 1904-3-17. — *J. off.* du 31 déc. 1903. —
V. Commentaire *Lois nouv.* 1904-1-1.
Art. 23 : Les frais des missions mobiles de l'inspection des col.
seront à la charge des budgets locaux.

D. 31 décembre 1903.

P. F. 1904-3-20. — *J. off.* du 7 janv. 1904.
Fix. les droits de sortie sur les objets exportés par la région du
Congo franç., et modif. le tableau annexé au D. 29 nov. 1892, appli-
quant le tarif douanier métropolitain au Gabon.

D. 9 janvier 1904.

P. F. 1904-3-20. — *J. off.* du 13 janvier.
Modif. le D. 22 février 1902, rel. au concours d'admiss. et à l'organisat. de l'enseignem. à l'école coloniale.

D. 15 janvier 1904.

L. N. 1904-3-51. — *J. off.* du 23 janvier.
Port. promulgat. ds. toutes les col. autres que la Martinique, la
Guadeloupe, La Réunion et l'Indo-Chine de la L. 6 avril 1897, modi-
fiant l'art. 174 C. instr. crim.

L. 18 février 1904.

L. N. 1904-3-56. — *J. off.* du 21 février.
Attrib. la personnalité civile à l'Office Colonial.

L. 2 mars 1902.

L. N. 1902-3-111. — D. P. 1902-4-87. — S. 1904-670. — *J. off.* du 5.
Autor. des emprunts en dehors des formalités d'usage, pour les communes des départ. éprouvés par la crise viticole.

L. fin. 30 mars 1902.

L. N. 1902-3-130. — D. P. 1902-4-60. — S. 1902-415. — P. F. 1902-3-70. — *J. off.* du 30. — V. Commentaire *Lois nouv.* 1902-1-229.
Art. 3 et suiv. : Série de disposit. rel. aux communes dont le contingent a été augmenté du fait de l'art. 3, L. 10 juillet 1901.
Art. 58 : Les disp. de la L. 12 nov. 1808 sont applic. aux taxes communales assimilées aux contrib. dir. ; le privilège prendra rang après celui du Trésor public.

L. 7 avril 1902.

L. N. 1902-3-174. — D. P. 1902-4-101. — S. 1902-332. — P. F. 1902-3-72. — G. P. 1902-1-862. — *J. off.* du 9.
Abrog. les §§ 15 et 16 de l'art. 133, et modif. les art. 141, 142 et 143, L. 5 avril 1884 sur l'org. municipale (budget des communes).

L. fin. 31 mars 1903.

L. N. 1903-3-111. — D. P. 1903-4-17. — S. 1903-570. — P. F. 1903-3-52. — *J. off.* du 31 mars. — V. Commentaire *Lois nouv.* 1903-1-163.
Art. 59 : Les établissem. communaux de bienfaisance n'ont droit à un receveur spécial qu'autant que le chiffre de leurs revenus soit seuls, soit cumulés avec d'autres, excède 60,000 francs. (V. L. 25 février 1901).

L. 10 juillet 1903.

L. N. 1903-3-247. — D. P. 1903-4-70. — S. 1904-658. — P. F. 1903-3-160. — *J. off.* du 12 juillet.
Modif. la procédure instituée par l'art. 10, L. 20 mars 1883, et par les art. 41 à 50, D. 7 avril 1887, pr. la construction d'office des maisons d'école.

L. fin. 30 décembre 1903.

L. N. 1904-3-1. — P. F. 1904-3-17. — *J. off.* du 31 déc. 1903. — V. Commentaire *Lois nouv.* 1904-1-1.
Art. 25 : Conditions de l'abandon total ou partiel de l'abonnement annuel consenti aux communes pr. frais de casernement ; prise en charge des dépenses.
Art. 39 : Fix. le mode de répartition, ds. les départem. et ds. chaq. commune, des subventions allouées pr. secours aux familles des réservistes et territoriaux (art. 85, L. 13 avril 1898).

—

L. fin. 31 mars 1903.

L. N. 1903-3-111. — D. P. 1903-4-17. — S. 1903-570. — P. F. 1903-3-52. — *J. off.* du 31 mars. — V. Commentaire *Lois nouv.* 1903-1-163 (L. fin.) et 201 (Contrib. indir.).

Art. 60 : Juridictions d'instruction et de répression ; partie civile judiciairement assistée ; dépens (recouvrement des) ; percepteurs des contrib. dir. — Poursuites, porteurs de contraintes ; notifications par la poste.

L. 13 juillet 1903.

L. N. 1903-3-234. — D. P. 1903-4-75. — P. F. 1903-3-102. — *J. off.* du 15 juillet.

Rel. aux contrib. dir. et aux taxes y assimilées de l'exercice 1904. Art. 17 : Modif. l'art. 28, § 1er, L. 21 avril 1832 (demandes en décharge ou réduction ; procédure des réclamations et abrog. des LL. 6 déc. 1897, art. 12, et 11 déc. 1902, art. 6).

D. 1er mars 1904.

L. N. 1904-3-57. — *J. off.* du 7 mars.

Modif. les décrets sur la limite d'âge pr. l'admiss. aux emplois de receveur particul. des fin. et de percepteur des contribut. dir.

L. fin. 30 décembre 1903.

L. N. 1904-3-1. — P. F. 1904-3-17. — *J. off.* du 31 déc. 1903. — V. Commentaire *Lois nouv.* 1904-1-1.

Art. 23 : Contribut. indir. et octrois ; procès-verbaux des agents ; foi due ; droits du prévenu.

L. fin. 30 décembre 1903.

L. N. 1904-3-1. — P. F. 1904-3-17. — *J. off.* du 31 déc. 1903. — V. Commentaire *Lois nouv.* 1904-1-1.

Art. 18 : Interdis. de fixer par réglem. une limite d'âge passé laquelle les titulaires de certains emplois ne peuv. être maintenus en fonction. — Exception : maintien de la limite pr. les magistrats de l'ordre judic. et de la Cour des Comptes seulem.

C. 6 août 1903.

L. N. 1904-3-48.
Du min. just. — Production des actes en justice ; devoir des tribun. d'exiger la justificat. de l'enreg.; surveillance du min. pub.

L. fin. 30 décembre 1903.

L. N. 1904-3-1. — P. F. 1904-3-17. —*J. off*. du 31 déc. 1903. — V. Commentaire *Lois nouv*. 1904-1-1.

Art. 3 : Mutations par décès ; sociétés mandataires dépositaires de valeurs dépendant d'une success. ; ayants droit domiciliés à l'étranger ; applicat. de l'art. 5 § 5, L. 25 février 1901.

Art. 7, 8 : Success. en déshérence ; dons et legs dévolus à l'État ; liquidation.

ÉTABLISSEMENTS DANGEREUX, INSALUBRES ET INCOMMODES 2

D. 29 juillet 1898.

L. N. 1898-3-273. — D. P. 1900-4-4. — S. 1900-1046. — P. F. 1899-3-30. — *J. off.* du 6 août.
Même objet.

D. 19 juillet 1899.

D. P. 1900-4-9. — S. 1900-1046. — *J. off.* du 12 août.
Même objet.

D. 18 septembre 1899.

D. P. 1900-4-9. — S. 1900-1047. — *J. off.* du 21.
Même objet.

D. 22 décembre 1900.

L. N. 1901-3-6. — S. 1902-326. — P. F. 1901-3-68. — *J. off.* du 30.
Même objet.

D. 25 décembre 1901.

L. N. 1902-3-23. — S. 1902-326. — P. F. 1902-3-30. — *J. off.* du 10 janvier 1902.
Même objet.

D. 27 novembre 1903.

L. N. 1904-3-23. — *J. off.* du 18 déc. 1903.
Même objet.

FAILLITE. — LIQUIDATION JUDICIAIRE

L. 4 mars 1889.

L. N. 1889-3-29. — D. P. 1889-4-9. — S. 1889-449. — P. F. 1889 3-13. — G. P. 1889-1-2. — V. Commentaire *Lois nouv.* 1889-1-169.
Modif. la législat. des faillites et instituant la liquidation judiciaire.

L. 4 avril 1890.

L. N. 1890-3-144. — D. P. 1890-4-105. — S. 1890-727. — P. F. 1890-3-27. — G. P. 1890-1-12.
Modif. le § 1ᵉʳ de l'art. 5 du texte précédent (suspension des actions et des exécutions individuelles).

C. 14 novembre 1891.

L. N. 1891-3-201.
Applicat. de l'art. 489 Code comm. (deniers provenant des ventes et recouvrements en cas de faillite ; versem. à la Caisse des Dépôts et consignations).

L. 1ᵉʳ juillet 1893.

L. N. 1893-3-171. — D. P. 1894-4-30. — S: 1894-665. — P. F. 1894-3-53.
Liquidat. de la Cie univers. du canal interocéanique de Panama.

L. 6 février 1895.

L. N. 1895-3-35. — D. P. 1895-4-34. — S. 1895-937. — G. P. 1895-1-2. — V. Commentaire *Lois nouv.* 1895-1-208.
Modif. l'art. 549 Code de Comm. (Privilège des commis).

C. 17 février 1900.

L. N. 1900-3-242.
Casier judiciaire. — Nécessité de signifier tous les jugements déclaratifs de faillite. Avance des frais par le Trésor.

C. 10 mai 1900.

L. N. 1900-3-296.
Syndics. Liquidateurs. Obligation de consigner les deniers. Registre de gestion. Devoirs des greffiers civils et commerc.

L. 30 décembre 1903.

L. N. 1904-3-11. — *J. off.* du 31 décembre 1903.
Rel. à la réhabilitat. des faillis (art. 604-612 C. comm.).

2° L. 21 juin 1898.

L. N. 1898-3-194. — D. P. 1899-4-3. — S. 1899-830. — *J. off.* du 23.
Abrog. l'art. 163 et modif. l'art. 154 du Code forestier.

D. 11 novembre 1899.

S. 1901-230. — P. F. 1900-3-31. — *J. off.* du 12.
Recrutement des élèves de l'Ecole nation. des Eaux et Forêts.

C. 31 décembre 1899.

L. N. 1900-3-180.
Exécut. des jugem. rendus à la requête de l'admin. des Eaux et
Forêts. Amendes, condamnat. pécun. et frais de justice.

L. 19 avril 1901.

L. N. 1901-3-105. — D. P. 1901-4-78. — S. 1901-193. — P. F. 1902-
3-137. — G. P. 1901-1-14. — *J. off.* du 21. — V. Commentaire *Lois
nouv.* 1901-1-350.
Portant modific. de l'art. 105 Code forestier (affouage).

C. 16 juillet 1901.

L. N. 1902-3-178.
Exécut. des jugem. rendus à la requête de l'admin. d's Eaux et
Forêts.

C. 25 août 1901.

L. N. 1902. 3-176.
Poursuite des délits ; destruct. des engins saisis comme prohibés en
mat. de pêche fluviale.

L. 13 décembre 1902.

L. N. 1903-3-9. — D. P. 1903-4-15. — S. 1903-628. — P. F. 1903-3-
19. — *J. off.* du 17.
Concern. les mesures à prendre contre les incendies de forêts.
   Erratum. — V. *Lois nouv.* 1903-3-100. — *J. off.* du 18 mars 1903,
p. 1718.

D. 1er août 1903.

P. F. 1903-3-143. — *J. off.* du 13 août.
Rel. au recrutement des élèves de l'Ecole nationale des Eaux et
Forêts.

D. 19 décembre 1903.

L. N. 1904-3-27. — *J. off.* du 22 déc. 1903.
Rel. à la transformat. de l'école pratiq. de sylviculture des Barres
en une école d'enseignem. techniq. et professionnel pr. les gardes des
Eaux et Forêts.

L. fin. 30 décembre 1903.

L. N. 1904-3-1. — P. F. 1904-3-17. — *J. off.* du 31 déc. 1903. — V.
Commentaire *Lois nouv.* 1904-1-1.
Art. 28 : Organis., ds. les forêts domaniales, la destruct. des sangliers
par les agents forestiers.

Note mars-avril 1903.

L. N. 1903-3-242.
Du min. just. — Trib. de simple police ; jugem. par défaut ; condamnat. pécuniaires ; extraits provisoires ; avertissem. préalable à la signification ; amendes civiles.

C. 25 avril 1903.

L. N. 1903-3-241.
Du même. — Comptabilité des frais ; impressions non susceptib. de recouvrem. ; nouveau mode de liquidat. des dépenses; affiches prévues par l'art. 36 C. pén. ; demande de renseignements.

Note mai-juin 1903.
Instr. enreg. 4 juin 1903.

L. N. 1903-3-432.
Du même, aux juges de paix, transmettant l'instruction annexée, rel. aux droits de timbre et d'enregistrem. sur les actes et jugem. ds. les matières de la juridiction des prud'hommes, et ds. certaines instances spéciales de la compétence des juges de paix.

D. 25 juillet 1903.

L. N. 1903-3-336. — D. P. 1903-4-52. — S. 1903-323. — *J. off.* du 29.
Modif. le D. 13 novembre 1899 pr. l'applicat. de la loi sur le secret des actes signifiés par huissiers (15 février 1899).

Note juillet-août 1903.

L. N. 1904-3-47.
Accid. du trav. ; mémoires de frais ; dispense de timbre ; suppression des états collectifs. — Greffiers de justice de paix ; frais de transport et de séjour des juges de paix ; greffiers de 1re instance ; frais d'affranchissem.

D. 15 août 1903.

L. N. 1903.3.310. — S. 1903-612.— P. F. 1903-3-145.—G. P. 1903-2-2. — *J. off.* du 20 août. — V. Commentaire *Lois nouv.* 1903-1-429.
Concern. le tarif des frais et dépens devant les trib. de 1re instance et les cours d'appel.
Errata. — V. *Lois nouv.* 1903-3-359. — *J. off.* du 28 août et du 1re septembre 1903.

———

C. 5 octobre 1903.

L. N. 1903-3-370. — S. 1903-617. — G. P. 1903-2-9. — *J. off.* du 20 octobre 1903.
Rel. à l'applicat. du D. 15 août 1903, ci-dessus.

Arr. 16 novembre 1903.

L. N. 1903-3-420. — *J. off.* du 17 novembre.
Instit. une Commission chargée de suivre l'applicat. du D. 15 août 1903, et nommant les membres de cette commission.

C. 1ᵉʳ décembre 1903.

L. N. 1904-3-59.
Du min. just. — Ventes judic. d'immeubles dont le prix n'excède pas 2.000 francs ; vérification des frais ; modificat. apportées au tarif des avoués.

L. fin. 30 décembre 1903.

L. N. 1904-3-1. — P. F. 1904-3-17. — *J. off.* du 31 déc. 1903. — V. Commentaire *Lois nouv.* 1904-1-1.
Art. 6 : Affaires criminelles, correctionn. et de police ; port des lettres et paquets ; tarif et recouvrement.

D. 22 mai 1903.

L. N. 1903-3-189. — P. F. 1903-3-88. — *J. off.* du 27 mai.
Modif. le D. 1ᵉʳ août 1898 sur la comptabilité des lycées.

D. 10 juin 1903.

L. N. 1903-3-199. — P. F. 1903-3-158. — *J. off.* du 12 juin.
Donnant aux agrégés des lycées pr. l'ordre de la grammaire, la faculté d'être nommés professeurs titulaires dans toutes les classes du premier cycle.

L. 10 juillet 1903.

L. N. 1903-3-247. — D. P. 1903-4-70. — S. 1904-658. — P. F, 1903-3-160. — *J. off.* du 12 juillet.
Modif. la procédure instituée par l'art. 10, L. 20 mars 1883 et par les art. 41 à 50, D. 7 avril 1887, pr. la construction d'office des maisons d'école.

D. 4 août 1903.

L. N. 1903-3-340. — P. F. 1903-3-143. — *J. off.* du 11 août.
Modif. le D. 18 janvier 1887, rel. à l'enseignem. primaire (brevets et certificats d'aptitude).

Arr. 8 août 1903.

P. F. 1903-3-143. — *J. off.* du 9 août.
Modif. les arr. 18 janv. 1887, 24 juill. 1888 et 31 juill. 1897 sur les bourses d'enseignem. primaire supérieur, le concours d'admiss. aux écoles normales et le certificat d'études primaires élémentaires.

Arr. 15 décembre 1903.

P. F. 1904-3-30. — *J. off.* du 16 déc.
Rel. à l'examen du certificat d'études primaires supérieures.

L. fin. 30 décembre 1903.

L. N. 1904-3-1. — P. F. 1904-3-17. — *J. off.* du 31 déc. 1903. — V. Commentaire *Lois nouv.*, 1904-1-1.
Art. 22 : Complét. les disposit. de l'art. 73, L. fin. 31 mars 1903 (promotions).

JUGES DE PAIX

(Pour tout ce qui concerne l'application de la L. 9 avril 1898
V. Accidents).

————

L. 22 mars 1896.

L. N. 1896-3-91. — D. P. 1896-4-32. — S. 1896-57. — P. F. 1896-3-86. — G. P. 1896-1-2. — V. Commentaire *Lois nouv.* 1896-1-125.
Tenue par les juges de paix d'audiences foraines.

C. 27 mars 1897.

L. N. 1897-3-129.
Sur l'application de ce texte.

C. 8 juin 1898.

L. N. 1899-3-37.
Prétoire. — Autorisation de disposer de la salle d'audience.

D. 12 juillet 1899.

L. N. 1899-3-156. — D. P. 1902-4-48. — S. 1900-1040. — P. F. 1899-3-156. — G. P. 1899-2-1. — *J. off.* du 14 juillet.
Honorariat des juges de paix.

C. 25 juillet 1899.

L. N. 1900-3-80.
Relative à l'application de ce texte.

L. fin. 25 février 1901.

L. N. 1901-3-35. — D. P. 1902-4-33. — S. 1902-140. — P. F. 1902-3-33. — G. P. 1901-1-5. — *J. off.* du 26. — V. Commentaire *Lois nouv.* 1901-1-189 et 321.
Art. 41 : Réunion du service de plusieurs just. de paix.

C. 4 janvier 1902.

L. N. 1902-3-194.
Billets d'avertissem.; suppr. des relevés mensuels et des extraits fournis par les juges de paix.

C. 30 novembre 1903.

L. N. 1904-3-58.
Du min. just. — Différends entre employés de commerce et patrons ; art. 634 C. comm. et L. 25 mai 1838, art. 5, § 3 ; compétence simultanée du juge de paix et du trib. comm. ; jurisprudence de la Cour de Cass.

JUSTICE MILITAIRE 3

(Armées de terre et de mer).

D. 19 septembre 1900.

P. F. 1900-3-120.
Organis. le corps des offic. d'admin. du service de just. milit.

D. 6 janvier 1901.

L. N. 1901-3-25.
Organisant provisoirem. le service de la just. militaire pour les troupes coloniales.

L. 2 avril 1901.

L. N. 1901-3-103. — D. P. 1901-4-76. — S. 1902-374. — P. F. 1901-3-94. — G. P. 1901-1-13. — *J. off.* du 4 avril 1901. — V. Commentaire *Lois nouv.* 1901-1-421.
Modifiant l'article 200 du Code de justice militaire.

L. 11 juin 1901.

L. N. 1901-3-161. — D. P. 1902-4-30. — S. 1902-375. — *J. off.* du 12 juin 1901.
Portant fixation d'une limite d'âge pour les sous-officiers du service de la justice militaire.

L. 19 juillet 1901.

L. N. 1901-3-205. — S. 1902-293. — P. F. 1901-3-153. — G. P. 1901-2-745. — *J. off.* du 21 juillet 1901. — V. Commentaire *Lois nouv.* 1901-1-461.
Rendant applic. l'art. 463 C. pén. (circ. attén.), à tous les crimes et délits réprimés par les Codes ci-dessus.

L. 31 juillet 1901.

L. N. 1901-3-237. — D. P. 1902-4-14. — S. 1902-378. — G. P. 1901-2-746. — V. Commentaire *Lois nouv.* 1902-1-377.
Rendant applicable l'art. 463 C. pén. et l'art. 1er, L. 26 mars 1891, aux délits et contraventions en matière de pêche maritime et de navigation.

L. 31 juillet 1902.

L. N. 1902-3-346. — D. P. 1903-4-5. — S. 1904-671. — P. F. 1903-3-2. — *J. off.* du 11 septembre 1902.
Portant modification du décret-loi disciplinaire et pénal du 24 mars 1852, pr. la marine marchande.

JUSTICE MILITAIRE 4

(Armées de terre et de mer).

D. 23 octobre 1903.

L. N. 1904-3-18. — *J. off.* du 6 déc. 1903.
Rel. à l'organisat. du service de la justice milit. ds. les troupes coloniales.

D. 8 novembre 1903.

P. F. 1904-3-4. — *J. off.* du 10 déc. 1903.
Régl. d'admin. pub. sur les Conseils d'enquête des officiers, des sous-off. de réserve et de l'armée territor. et des sous-offic. rengagés ou commissionnés. — Tableaux.

LIBERTÉ COMMERCIALE ET INDUSTRIELLE

L. 15 février 1898.

L. N. 1898-3-34. — D. P. 1898-4-25. — S. 1898-457. — P. F. 1898-3-99. — G. P. 1898-1-1. — V. Commentaire *Lois nouv.* 1898-1-181.
Rel. au commerce de brocanteur.

L. 21 août 1900.

L. N. 1900-3-284. — D. P. 1902-4-89. — S. 1901-197. — P. F. 1900-3-158. — *J. off.* du 26. — V. Commentaire *Lois nouv.* 1900-1-443.
Interdisant la création de conditions privées en concurrence avec des conditions publiques antérieurement établies.

L. 4 août 1903.

L. N. 1903-3-341. — D. P. 1903-4-79. — P. F. 1903-3-143. — G. P. 1903-2-2. — *J. off.* du 7 août.
Réglementant le commerce des produits cupriques anti-criptogamiques.

L. 14 mars 1904.

L. N. 1904-3.62. — *J. off.* du 17 mars.
Rel. au placement des employés et ouvriers des deux sexes et de toutes professions.

D 1er juin 1903.

P. F. 1903-3-100. — *J. off.* du 6 juin.
Modif. le D. 13 déc. 1902.

D. 5 juin 1903.

P. F. 1903-3-101. — *J. off.* du 13 juin.
Modif. le tableau annexé au D. 28 juill. 1897, portant fixation des exceptions au tarif général des douanes en ce qui concerne les produits étrangers importés à Madagascar.

D. 21 juin 1903.

P. F. 1903-3-156. — *J. off.* du 25 juin.
Réglem. de police sanitaire des animaux à Madagascar.

D. 24 juin 1903.

P. F. 1903-3-157. — *J. off.* du 30 juin.
Rel. aux mesures à prendre en cas de maladies contagieuses et parasitaires des plantations à Madagascar et dépendances.

D. 31 juillet 1903.

L. N. 1903-3-340. — P. F. 1903-3-142. — *J. off.* du 10 août 1903.
Conférant aux gradés de la garde régionale de Madagascar les fonctions d'officier de police judiciaire.

D. 9 septembre 1903.

P. F. 1903-3-168. — *J. off.* du 2 octobre 1903.
Modif. l'art. 6, D. 20 déc. 1900, portant créat. d'un cadre temporaire d'ingénieurs, etc., à Madagascar.

D. 2 mars 1904.

L. N. 1904-3-57. — *J. off.* du 5 mars.
Autoris., à Madagascar, les administrateurs investis des fonctions de juge de paix à tenir des audiences foraines.

Militaire et Marchande.
V. Code de Commerce, Navigation.

D. 8 mars 1884.

D. P. 1884-4-119 et 120. — S. 1885-696.
Sur l'état des officiers de réserve de l'armée de mer.

D. 2 août 1884.

L. N. 1884-2-53.
Réorg. l'établiss. des pupilles de la marine.

D. 18 mars 1885.

D. P. 1885-4-24. — S. 1886-86.
Créant une succursale de la Caisse d'épargne postale dans les divisions navales et à bord de chaque bâtiment.

D. 26 mars 1885.

L. N. 1885-2-20.
Réorganisat. du corps de santé de la marine.

L. 15 avril 1885.

L. N. 1885-2-36. — D. P. 1885-4-81. — S. 1885-762.
Pensions des armées de terre et de mer.

L. 10 juillet 1885.

L. N. 1885-2-80. — D. P. 1886-4-17. — S. 1886-9. — P. F. 1886-3-14.
Modif. celle du 10 décembre 1874 sur l'hypothèque maritime.

L. 12 août 1885.

D. P. 1886-4-22.
Modif. divers art. du Liv. II du C. de comm. (comm. marit.).

D. 17 novembre 1885.

L. N. 1885-2-202. — D. P. 1883-4-70. — S. 1886-61.
Modif. le service des Invalides de la marine. Mode de paiement des pensions civ. et milit. de la marine et des colonies.

D. 6 mars 1886.

L. N. 1886-2-30.
Réorganisat. du service des défenses sous-marines.

2° D. 6 mars 1886.

L. N. 1886-2-37.
Réorg. le service hydrographique de la marine.

Et mineurs.

—

D. 23 décembre 1901.
C. 21 janvier 1902.

L. N. 1902-3-54 et 57. — *J. off.* du 21 janvier 1902.
Conservation des explosifs dans les exploitations souterraines.

D. 12 mars 1902.

P. F. 1902-3-93.— *J. off.* du 13 mars.
Réglem. d'admin. pub. pr. l'Ecole nationale supérieure des mines.

D. 6 avril 1902.

P. F. 1902-3-109. — *J. off.* du 17.
Conférant aux contrôleurs principaux, après cinq ans de fonctions, le titre de sous-ingénieur des mines.

L. fin. 31 mars 1903.

L. N. 1903-3-111. — D. P. 1903-4-17. — S. 1903-570. — P. F. 1903-3-52. — *J. off.* du 31 . — V. Commentaire *Lots nouv.* 1903-1-163 (L. fin.), et 1903-1-201 (contrib. indir.).
Art. 4 : Exploitation des mines ; frais de perception à verser au Trésor ; fixation à 3 centimes par franc.
Art. 84 et s. : Ouvriers mineurs. ; pensions d'âge ou d'invalidité majoration des) ; retraite (allocations pour) ; dispositions organiques.

L. 21 juillet 1903.

L. N. 1903-3-335. — D. P. 1903-4-74. — P. F. 1903-3-141. — G. P. 1903-2-1. — *J. off.* du 23 juillet.
Modif. l'art. 89, L. 31 mars 1903.

D. 9 septembre 1903.

P. F. 1903-3-173. — *J. off.* du 12 sept.
Fix. le prix de vente des explosifs de mine.

MONNAIES 2

Et Conventions monétaires.

——

D. 22 février 1899.
D. 20 juillet 1899.

S. 1901-88. — *J. off.* des 5 mars et 27 juillet.
Relatif au type des pièces d'or de 20 francs et de 10 francs.

L. fin. 30 mars 1902.

L. N. 1902-3-130. — D. P. 1902-4-60. — S. 1902-415. — P. F. 1902-3-70. — *J. off.* du 30 mars. — V. Commentaire *Lois nouv.* 1902-1-229.
Art. 57 : Modif. l'intitulé et les art. 1 et 3, L. 11 juillet 1885 (interdiction de toute simul. de billets de banque et de toutes monnaies franç. et étrangères).

L. 13 décembre 1902.
D. 17 janvier 1903.

L. N. 1903-3-9 et 41. — D. P. 1903-4-65. — S. 1904-672. — P. F. 1903-3-86 et 93. — *J. off.* des 16 déc. 1902 et 20 janvier 1903.
Approuv. et promulg. la convention monétaire addit. à celle du 6 nov. 1885 conclue à Paris le 15 nov. 1902 entre la France, la Belgique, la Grèce, l'Italie et la Suisse.

L. fin. 31 mars 1903.

L. N. 1903-3-111. — D. P. 1903-4-17. — S. 1903-570. — P. F. 1903-3-52. — *J. off.* du 31 mars. — V. Commentaire *Lois nouv.* 1903-1-163 (L. fin.) et 1903-1-201 (Contrib. indir. ; bouilleurs de cru).
Art. 50 : Ordonnant la fabricat. d'une pièce de nickel de 25 centimes.

D. 10 décembre 1903.

L. N. 1904-3-26. — P. F. 1904-3-30. — *J. off.* du 13 déc. 1903.
Prohib. l'importat. en France et en Algérie des monnaies d'argent n'ay. plus cours légal dans leur pays d'origine.

NAVIGATION 5

V. aussi Marine, Code de Commerce.

—

D. 1er avril 1899.

L. N. 1899-3-121. — S. 1900-1172. — P. F. 1899-3-141. — *J. off.* du 9 juin.

Portant règlement relatif : 1° à l'immatriculat. et au jaugeage des bateaux ; 2° à la statistique de la navigation intérieure.

L. 18 avril 1900.

L. N. 1900-3-154. — D. P. 1900-4-49. — S. 1900-1049.— P. F. 1900-3-112. — *J. off.* du 21. — V. Commentaire *Lois nouv.* 1900-1-264.

Contrav. au règlem. sur les appareils à vapeur ou à gaz et les bateaux qui en font usage.

D. 5 juillet 1900.

S. 1901-48. — *J. off.* du 12.

Relatif à la mise en service d'un nouveau Code international des signaux.

L 31 juillet 1901.

L. N. 1901-3-237. — D. P. 1902-4-14. — S. 1902-378. — G. P. 1901-2-746. — *J. off.* du 6 sept. 1901. — V. Commentaire *Lois nouv.* 1902-1-377.

Rendant applic. l'art. 463 C. pén. et l'art. 1er, L. 26 mars 1891, aux délits et contraventions en matière de pêches maritimes et de navigation.

D. 8 octobre 1901.

L. N. 1902-3-87. — *J. off.* du 5 février 1902.

Règlement général de police des voies de navigat. intérieure.

D. 15 février 1902.

L. N. 1902-3-102. — *J. off.* du 17 février 1902.

Instit. un Comité consultatif de la navig. intérieure et des ports.

L. fin. 30 mars 1902.

L. N. 1902-3-130. — D. P. 1902-4-60. — S. 1902-415. — P. F. 1902-3-70. — *J. off.* du 30. — V. Commentaire *Lois nouv.* 1902-1-229.

Art. 81 : Supprim. ou réduis., en faveur des patrons propriétaires de bateaux se livrant à la petite navigat., les taxes ou retenues imposées par la L. 21 avril 1898 ou autres textes. (Caisses de prévoy.).

V. aussi : Marine, Code de Commérce.

L. 23 décembre 1903.

L. N. 1904-3-28. — *J. off.* du 29 déc. 1903.
Tendant à compléter l'outillage national par l'exécut. d'un certain nombre de voies navigab. nouvelles, l'améliorat. des canaux, rivières et ports maritimes.

L. 5 avril 1884 (Loi municipale),

D. P. 1884-4-25. — S. 1884-553. — V. Commentaire *Lois nouv.* 1884-1 (2ᵉ section) 1 à 275.
Art. 168 : Abrogeant la L. 24 juill. 1867, à l'exception de l'art. 0 relatif à l'établissement du tarif général.

D. 19 juin 1888.

L. N. 1888-2-72. — D. P. 1888-4-47. — S. 1888-390. — P. F. 1888-3. 35.
Modif. l'art. 8 du D. 12 févr. 1870.

L. 29 décembre 1897.

L. N. 1898-3-4. — D. P. 1899-4-55. — S. 1899-529. — P. F. 1899-3-48.
Suppress. des taxes d'octroi sur les boissons hygiéniques.

L. 9 mars 1898.

L. N. 1898-3-49. — D. P. 1899-4-109. — S. 1898-537.
Autorisant, pour les communes, l'applicat. anticipée de ce texte.

L. 29 juin 1899.

L. N. 1899-3-138. — S. 1899-891. — P. F. 1900-3-29.
Prorogeant jusqu'au 31 décembre 1900 les délais fixés pour l'application de ce même texte.

L. fin. 25 février 1901.

L. N. 1901-3-35. — D. P. 1901-4-33. — S. 1901-140. — P. F. 1902-3-33. — G. P. 1901-1-5. — *J. off.* du 26. — V. Commentaire *Lois nouv.* 1901-1-321.
Art. 34 : Circonstances atténuantes en matière de contraventions *communes* aux contrib. indir. et à l'octroi.

L. 28 décembre 1903.

L. N. 1904-3-27. — *J. off.* du 29 déc. 1903.
Autoris. le Gouvernem. à approuver par décrets la prorogat. de surtaxes d'octroi.

L. fin. 30 décembre 1903.

L. N. 1904-3-1. — P. F. 1904-3-17. — *J. off.* du 31 déc. 1903. — V. Commentaire *Lois nouv.* 1904-1-1.
Art. 24 : Procès-verbaux des agents des contribut. indir. et octrois ; foi due ; procédure de la preuve.

_____

L. fin 30 décembre 1903.

L. N. 1904-3-1. — F. 1904-3-17. — *J. off.* du 31 déc. 1903. — V. Commentaire *Lois nouv.* 1904-1-1.

Art. 18 : Interdis. de fixer par réglem. une limite d'âge passé laquelle les titulaires de certains emplois ne peuv. être maintenus en fonction. — Exception : maintien. de la limite d'âge pr. les magistrats de l'ordre judic. et de la Cour des Comptes seulem.

PARIS (Ville de) 6

———

D. 25 janvier 1904.

L. N. 1904-3-53. — *J. off.* du 29 janvier.
Modif. les art. 14 et 16, D. 23 avril 1897, rel. aux Halles Centrales de Paris.

L. 31 juillet 1901.

L. N. 1901-3-237. — D. P. 1902-4-14. — S. 1902-378. — G. P.
1901-2-746. — *J. off.* du 6 septembre 1901. — V. Commentaire *Lois
nouv.* 1902-1-377.

Rendant applic. l'art. 463, C. pén. et l'art. 1ᵉʳ, L. 26 mars 1891,
aux délits et contraventions en matière de pêches maritimes et de
navigation.

L. fin. 30 décembre 1903.

L. N. 1904-3-1. — P. F. 1904-3-17. — *J. off.* du 31 déc. 1903. —
V. Commentaire *Lois nouv.* 1904-1-1.

Art. 4 : Fix. le droit de congé pr. bateaux au-dessous de 30 tonneaux,
pontés ou non pontés, affectés à la petite pêche.

V. aussi : Armée, Marine, Forêts.

L. fin. 25 février 1901.

L. N. 1901-3-35. — D. P. 1901-4-33. — S. 1901-140. — P. F. 1902-3-33. — G. P. 1901-1-5. — *J. off.* du 26. — V. Commentaire *Lois nouv.* 1901-1-321.
Art. 46, 47 et 48 : Pensions ; armées de terre et de mer.

C. 21 mars 1901.

L. N. 1902-3-177.
Acte de notor. à dresser pr. l'obtention des pensions accordées par l'art. 11, L. 9 juin 1853.

Inst. 6 décembre 1901.

L. N. 1902-3-107.
Certificats de vie aux pensionnaires de l'État résidant à l'étranger et séjournant momentanément en France.

L. fin. 30 mars 1902 !

L. N. 1902-3-130. — D. P. 1902-4-60. — S. 1902-415. — P. F. 1902-3-70. — *J. off.* du 30 mars. — V. Commentaire *Lois nouv.* 1902-1-229.
Art. 42 : Modif. et complét. les tableaux n°ˢ 2 et 3, L. 9 juin 1853, et 13 avril 1898 (art. 45).
Art. 45 : Modif. et complétant la 2ᵉ section du tableau 3 de l'art. 7, L. 9 juin 1853.
Art. 46 et 47 : Dispositions rel. aux instituteurs primaires détachés dans les lycées et à ceux du département de la Seine.

L. fin. 31 mars 1903.

L. N. 1903-3-111. — D. P. 1903-4-17. — S. 1903-570. — P. F. 1903-3-52. — *J. off.* du 31 mars. — V. Commentaire *Lois nouv.* 1903-1-163 et 201.
Art. 54 et s. : Série de disposit. applicab. aux pensions (armées de terre et de mer, professeurs de lycées et préparateurs, etc.).

D. 23 août 1903.

L. N. 1903-3-394. — S. 1903-623. — P. F. 1903-3-165. — *J. off.* du 29 août.
Modif. l'art. 21, Ord. 2 juillet 1831, portant règlem. d'admin. pub. pr. l'exécut. de la loi sur les pensions de l'armée de terre.

V. aussi : **Armée, Marine, Forêts**.

D. 19 octobre 1903.

P. F. 1903-3-169. — *J. off*. du 22.
Portant modif. à l'ordonn. 26 janvier 1832, sur les pensions de l'armée de mer.

L. fin. 30 décembre 1903.

L. N. 1904-3-1. — P. F. 1904-3-17. — *J. off*. du 31 déc. 1903. — V.
Commentaire *Lois nouv*. 1904-1-1.
Art. 18 : Interdis. et abrog. les règlem. sur la limite d'âge pr. les fonctionn., à l'except. des magistr. de l'ordre judic. et de la Cour des Comptes.
Art. 19 : Complétant la nomenclature de la 2ᵉ section du tableau n° 3, annexé à l'art. 7, L. 9 juin 1853.

D. 4 décembre 1899.

D. P. 1901-4-82. — *J. off.* du 13.
Concernant la vérific. des poids et mesures (professions et commerces assujettis).

D. 17 février 1900.

D. P. 1901-4-8. — S. 1902-399. — *J. off.* du 21.
Concernant la construction des mesures de capacité.

D. 24 avril 1900.

L. N. 1900-3-178. — S. 1902–399. — P. F. 1900-3-127. — *J. off.* du 29 avril.
Autoris. la fabricat. et l'emploi de nouvelles mesures à lait.

D. 24 janvier 1901.

P. F. 1901-3-74. — *J. off.* du 31.
Créant un tableau d'avancement pour le personnel de la vérific.

C. 24 janvier 1902.

L. N. 1902-3-67. — D. P. 1902-4-45. — P. F. 1902-3-60. — *J. off.* du 9 février.
Du min. comm. — Vérific. des poids et mesures et instruments de pesage achetés dans l'intervalle de deux vérific. périodiq.

L. 11 juillet 1903.

L. N. 1903-3-341. — D. P. 1903-4-73. — P. F. 1903-3-159. — *J. off.* du 31 juillet.
Rel. aux unités fondamentales du système métrique (remplac. l'art. 2, L. 19 frimaire an VIII).

D. 28 juillet 1903.

L. N. 1903-3-342. — P. F. 1903-3-159. — *J. off.* du 31 juillet.
Modif. le tableau des mesures légales (modific. du tableau annexe à la L. 4 juill. 1837).

D. 15 janvier 1904 (2 textes.)

L. N. 1904-3-49 et 51. — *J. off.* du 19 janv.
1° Modif. et complét. div. articles du D. 27 déc. 1884, rel. à la vérificat. des alcoomètres.
2° Modif. div. art. du D. 2 août 1889, rel. à la vérificat. et au poinçonnage des densimètres employés dans les fabriq. de sucre.

D. 23 novembre 1899.

L. N. 1900-3-2. — S. 1901-83. — *J. off.* du 18 décembre.
Modif. celui du 4 janvier 1896 sur la police sanit. marit.

D. 8 mars 1900.

S. 1904-674.
Modif. l'art. 101, D. 22 juin 1882, sur la police sanitaire des animaux.

D. 23 septembre 1900.

P. F. 1900-3-144.
Ports où peuvent pénétrer les navires provenant de pays contaminés.

A. 30 avril 1901.

P. F. 1901-3-95. — *J. off.* du 5 mai.
Du min. agr. — Introd. en France des animaux de l'espèce ovine prov. de Tunisie.

D. 13 décembre 1901.

L. N. 1902-3-7. — *J. off.* du 28.
Revis. le tableau instit par l'art. 16, D. 4 janvier 1896 (police sanitaire maritime).

L. fin. 30 mars 1902.

L. N. 1902-3-130. — D. P. 1902-4-60. — S. 1902-415. — P. F. 1902-3-70. — *J. off.* du 30. — V. Commentaire *Lois nouv.* 1902-1-229.
Art. 82 : Les indemnités prévues par la L. fin. 30 mai 1899 seront allouées au propriétaire de tout animal saisi dans un abattoir public, pour cause de tuberculose, par le vétérinaire inspecteur.

D. 2 décembre 1902.

L. N. 1903-3-7. — S. 1904-674. — P. F. 1903-3-92. — *J. off.* du 21 décembre.
Modif. le D. 22 juin 1882 pr. l'applicat. de la loi sur la police sanitaire des animaux.

Note janvier-février 1903.

L. N. 1903-3-178.
Du min. just. — Police sanitaire des animaux ; désinfection du matériel de transport.

L. fin. 30 décembre 1903.

L. N. 1904-3-1. — P. F. 1904-3-17. — *J. off.* du 31 déc. 1903. — V. Commentaire *Lois nouv.* 1904-1-1.
Art. 26 : Animaux tuberculeux ; saisie ou abatage ; indemnités (extension des).

V. aussi : Caisse d'épargne. — Colis postaux.

———

D. 4 juin 1903.

P. F. 1903-3-101. — *J. off.* du 8 juin.
Appliq. la taxe spéciale de la L. 29 mars 1889 à la correspondance de service expédiée par les inspecteurs et inspectrices du travail.

D. 26 juin 1903.

P. F. 1903-3-102. — *J. off.* du 1er juillet.
Portant suppression des franchises postales accordées aux milit. et marins de la division d'occupation de Chine.

D. 19 septembre 1903.

P. F. 1904-3-16. — *J. off.* du 20 nov. 1903.
Fix. au 1er janv. 1904 la suppress. des onze catégories de bons de postes de sommes fixes et la mise en circulat. d'un type uniq. de bons de poste muni d'un récépissé et remboursab. en cas de perte ou de destruct.

D. 5 octobre 1903.

P. F. 1903-3-168. — *J. off.* du 7.
Portant modif. au D. 16 nov. 1901, concernant les peines disciplin. du personnel des postes et télégr. (conseil de discipline).

D. 11 octobre 1903.

P. F. 1903-3-169. — *J. off.* du 17 octobre.
Mod. l'art. 5, D. 29 octobre 1899, rel. à l'organisat. de l'administrat. centrale des postes et télégr.

D. 22 octobre 1903.

P. F. 1903-3-169. — *J. off.* du 27 octobre.
Rel. à l'échange des mandats de poste entre la France, l'Algérie, et les bureaux franç. à l'étranger et les colonies portugaises.

D. 16 novembre 1903.

P. F. 1904-3-29. — *J. off.* du 19 nov.
Autoris. l'échange des lettres et boîtes de valeur déclarée entre la France, l'Algérie, les col., les bureaux de poste franç. à l'étranger et le Monténégro.

V. aussi : Caisse d'épargne. — Colis postaux.

———

A. 18 novembre 1903.

L. N. 1903-3-436. — P. F. 1904-3-29. — *J. off.* du 20 nov. Fix. la réglementat. applicab., ds. le régime intérieur, à l'envoi des cartes postales illustrées et autoris. la créat. d'une carte postale illustrée d'un type nouveau.

D. 23 décembre 1901.

L. N. 1902-3-54. — *J. off.* du 21 janvier 1902.
Conservation des explosifs dans les exploitations souterraines.

C. 21 janvier 1902.

L. N. 1902-3-57. — *J. off.* du 21 janvier 1902.
Pour l'applic. du décret ci-dessus.

D. 12 août 1903.

L. N. 1903-3-358. — *J. off.* du 18 août.
Fixant le prix de vente pr. l'exportation de la poudre de chasse pyroxylée T.

D. 9 septembre 1903.

P. F. 1903-3-173. — *J. off.* du 12 sept.
Fix. le prix de vente des explosifs de mines.

D. 1 6 décembre 1903 (2 textes).

P. F. 1904-3-27 et 31. — *J. off.* du 21 déc.
1° Fix. le prix des poudres à feu destinées à l'exportation.
2° Fix. ce prix pr. les col. et pays de protectorat.

RÉHABILITATION

RÉHABILITATION

D. 12 octobre 1888.

L. N. 1888-2-143. — S. 1889-536.
Procédure des demandes de réhabilitation aux colonies.

L. 10 mars 1898.

L. N. 1898-3-49. — D. P. 1898-4-36. — S. 1898-574. — P. F. 1898-3-49. — G. P. 1898-1-2. — V. Commentaire *Lois nouv.* 1898-1-197.
Rendant la réhabilit. applicab. aux condamnés qui ont prescrit contre l'exécution de la peine.

L. 5 août 1899.

L. N. 1899-3-174. — D. P. 1899-4-113. — S. 1900-937. — P. F. 1900-3-33. — G. P. 1899-2-2. — *J. off.* du 7 août 1899. — V. Commentaire *Lois nouv.* 1900-1-89.
Sur le casier judiciaire et la réhabilitation de droit.

L. 11 juillet 1900.

L. N. 1900-3-246. — D. P. 1900-4-60. — S. 1900-1137. — P. F. 1901-3-1. — *J. off.* du 17. — V. Commentaire *Lois nouv.* 1900-1-397.
Modif. la L. 5 août 1899. (Pour l'applicat. de ces lois, v. *suprà*, v° Casier judiciaire).

L. 30 décembre 1903.

L. N. 1904-3-11. — *J. off.* du 31 déc. 1903.
Rel. à la réhabilitation des faillis (modif. les art. 604-612 C. comm.).

D. 4 septembre 1901.

L. N. 1901-3-285. — D. P. 1902-4-16. — *J. off.* du 15.
Conditions auxquelles les sels dénaturés destinés à l'industrie pourront être livrés en franchise des taxes de consommation.

L. fin. 30 mars 1902.

L. N. 1902-3-130. — D. P. 1902-4-60. — S. 1902-415. — P. F. 1902-3-70. — V. Commentaire *Lois nouv.*, 1902-1-229.
Art. 37 : Poids des sacs de sel à présenter à la vérificat. des douanes ou contribut. indir.

L. fin. 31 mars 1903.

L. N. 1903-2-111. — D. P. 1903-4-17. — S. 1903-570. — P. F. 1903-3-52. — *J. off.* du 31 mars. — V. Commentaire *Lois nouv.* 1903-1-163 (L. fin.), et 201 (contrib. indir.).
Art. 11 : Les unités de poids fixées par l'art. 37, L. 30 mars 1902, se détermin. en poids net (excepté pr. l'exportation).

D. 30 décembre 1903.

L. N. 1904-3-29. — P. F. 1904-3-28. — *J. off.* du 1er janv. 1904.
Portant mo dificat. au D. 4 sept. 1901 sur les sels destinés à l'industrie.

L. fin. 28 avril 1893.

L. N. 1893-3-96. — D. P. 1893-4-79. — S. 1893-620. — P. F. 1893-3-65. — G. P. 1893-1-3. — *J. off.* du 29. — V. Commentaire *Lois nouv.* 1893-1-189.

Art. 36 : La L. 29 juin 1872 est inapplicab. aux emprunts des Sociétés en nom collectif pures et simples (pour l'avenir.)

L. fin. 26 juillet 1893.

L. N. 1893-3-246. — D. P. 1894-4-45. — S. 1894-721. — *J. off.* du 27.

Art. 22 : Il n'y a pas lieu au recouvrem. des sommes pouvant encore être dues sur les intérêts des emprunts contractés par les sociétés en nom collect. pures et simples (pour le passé.)

L. 1er août 1893.

L. N. 1893-3-262. — D. P. 1893-4-68. — S. 1893-569. — P. F. 1895-3-81. — *J. off.* du 3. — V. Commentaire *Lois nouv.* 1896-1-397.

Modif. celle du 24 juillet 1867 sur les sociétés par actions.

L. fin. 28 décembre 1895.

L. N. 1896-3-14. — D. P. 1896-4-39. — S. 1896-68. — P. F. 1896-3-81. — *J. off.* du 29.

Art. 31 : La L. 29 juin 1872 est inapplicab. aux avances faites aux sociétés au moyen d'endossements de warrants.

L. 3 février 1902.

L. N. 1902-3-72. — D. P. 1902-4-81. — P. F. 1902-3-138. — G. P. 1902-1-857. — *J. off.* du 5.

Règlem. les soc. de prévoyance à partage et à durée illimitée.

L. 9 juillet 1902.

L. N. 1902-3-221. — D. P. 1902-4-53. — S. 1903-489. — P. F. 1902-3-177. — G. P. 1902-2-715. — *J. off.* du 11. — V. Commentaire *Lois nouv.* 1903-1-753.

Tendant à compléter l'art. 34, C. comm. et l'art. 3, L. 24 juillet 1867, en ce qui concerne les actions de priorité et les actions d'apport.

L. 16 novembre 1903.

L. N. 1903-3-421. — D. P. 1903-4-80. — P. F. 1904-3-1. — G. P. 1903-2-17. — *J. off.* du 17 novembre. — V. Commentaire *Lois nouv.* 1903-1-753.

Modif. la L. 9 juillet 1902, rel. aux actions de priorité.

L. fin. 30 décembre 1903.

L. N. 1904-3-1. — P. F. 1904-3-17. — *J. off.* du 31 déc. 1903. —·V. Commentaire *Lois nouv.* 1904-1-1.

Art. 21 : Except. des disposit. de la L. 29 juin 1872 (impôt sur le revenu) toutes les soc. *de coopération* et leurs associat. formées exclusiv. entre ouvriers ou artisans.

D. 28 novembre 1901.

L. N. 1901-3-333. — P. F. 1902-3-109. — *J. off.* du 3 décembre.
Règlem. d'admin. pub. pr. l'exécut. de la L. 7 juillet 1900.

Inst. 15 décembre 1901.

L. N. 1902-3-109.
Sociétés scolaires de secours mutuels ; états statistiques.

L. 3 février 1902.

L. N. 1902-3-72. — D. P. 1902-4-81. — S. 1903-487. — P. F. 1902-3-138. — G. P. 1902-1-857. — *J. off.* du 5.
Réglementant les soc. de prévoyance (Châtelusiennes) à partage et à durée illimitée.

C. 15 mars 1902.

L. N. 1902-3-249.
Devoirs des parquets de signaler aux autorités administratives les décisions de justice rel. aux sociétés de secours mutuels.

D. 14 avril 1902.

L. N. 1902-3-190. — P. F. 1902-3-192. — *J. off.* du 23.
Modif. l'art. 2, D. 2 mai 1899 et l'art. 8, D. 13 juin 1899, portant règlement d'admin. pub. sur les élections du Conseil supér. des soc. de sec. mutuels.

L. fin. 31 mars 1903.

L. N. 1903-3-111. — D. P. 1903-4-17. — S. 1903-570.— P. F. 1903-3-52. — *J. off.* du 31 mars. — V. Commentaire *Lois nouv.* 1903-1-163. (L. fin.), et 201 (contrib. indir.).
Art. 61 : Soc. de secours mutuels approuvées ou reconnues ; dépôts ; compte courant et fonds commun ; bonification d'intérêts ; inscription d'un crédit au budget.

C. 7 novembre 1903.

L. N. 1904-3-60.
Du min. int. — Soc. de sec. mutuels ; arbitrage en vue de concilier les différends soit entre sociétés et sociétaires, soit entre sociétés.

L. 24 mars 1898.

L. N. 1898-3-55. — D. P. 1898-4-18. — S. 1898-541. — P. F. 1899-3-25. — G. P. 1898-1-4. — V. Commentaire *Lois nouv.* 1898-1-273. Modif. les art. 833, 844 et 919 C. civ. (rapports à succession).

L. 14 février 1900.

L. N. 1900-3-73. — D. P. 1900-4-25. — S. 1900-977. — P. F. 1900-3-65. — G. P. 1901-1-1 — V. Commentaire *Lois nouv.* 1900-1-228. Modif. l'art. 1094 C. civ. (quotité disponible entre époux).

L. fin. 25 février 1901.

L. N. 1901-3-35. — D. P. 1901-4-33. — S. 1901-140. — P. F. 1902-3-33. — G. P. 1901-1-5. — V. Commentaire *Lois nouv.* 1901-1-189. Art. 18 : Droits d'enregistrement (sans décimes) entre époux.

C. 6 juin 1901.

P. F. 1901-3-140. — *J. off.* du 8. Du min. marine. — Liquid. des succ. de toutes personn. mortes en mer à bord des bâtiments franç.

L. fin. 30 décembre 1903.

L. N. 1904-3-1. — P. F. 1904-3-17. — *J. off.* du 31 déc. 1903. — V. Commentaire *Lois nouv.* 1904-1-1. Art. 7 : Autoris. l'aliénat. immédiate au profit de l'État, après l'envoi en possession, de tous biens et valeurs dépendant des successions en deshérence.

D. 26 juin 1903.

L. N. 1903-3-211. — S. 1903-562. — P. F. 1903-3-102. — *J. off.* du 2 juillet 1903.

Détermin. les condit. d'applicat. de l'art. 4, L. 28 janvier 1903, rel. au régime des sucres.

D. 14 août 1903.

L. N. 1903-3-358. — S. 1903-624. — P. F. 1903-3-165. — *J. off.* du 18 août.

Rel. aux cautionnem. déposés en garantie des bons créés par l'art. 8, L. 7 avril 1897, pr. les sucres placés en entrepôt et destinés, antérieurem. au 1er sept. 1903, à l'exportation.

D. 21 août 1903.

L. N. 1903-3-390. — S. 1903-610. — P. F. 1903-3-164. — *J. off.* du 26 août.

Règlem. d'admin. pub. en exécut. de l'art. 7, L. 28 janvier 1903, et rel. au sucrage des vendange.

D. 15 janvier 1904.

L. N. 1904-3-54. — *J. off.* du 19 janvier.

Modif. div. art. du D. 2 août 1889, rel. à la vérificat. et au poinçonnage des densimètres employés ds. les fabriq. de sucre.

D. 22 août 1903.

L. N. 1903-3-394. — *J. off.* du 30 août.
Rel. aux communicat. des abonnés au téléphone par les lignes télégraphiq. urbaines ou inter-urbaines, en dehors des heures normales
d'ouverture des bureaux.

D. 22 novembre 1903.
A. 11 janvier 1904.

P. F. 1904-3-24. — *J. off.* du 14 janv. 1904.
1° Fix. le montant de la taxe télégraphiq. à percev. entre l'Europe
et l'Indo-Chine ;
2° Fix. la date d'applicat. des taxes.

L. 31 décembre 1903.

L. N. 1904-3-30. — P. F. 1904-3-30. — *J. off.* du 1ᵉʳ janv. 1904.
Portant approbat. de la Convention conclue à Paris, le 29 juillet
1902, entre la France et la Grande-Bretagne, pr. régler le service télé-
phoniq. entre les deux pays.

D. 27 février 1904.

L. N. 1904-3-57. — *J. off.* du 2 mars 904.
Fixant le régime administratif des postes côtiers de télégraphie sans
fil.

TRAITÉS DE COMMERCE ET DE NAVIGATION 5

L. 18 juillet 1903 (4 textes).

L. N. 1903-3-337. — *J. off.* du 22 juillet.
Portant approbat. : 1º de la Convention commerciale signée, le 29 janvier 1902, entre la France et la Républiq. du Nicaragua ;
2º de la Convention commerc. signée le 11 février 1902, entre la France et la République du Honduras ;
3º de la Convention commerciale rel. à la Jamaïque, signée le 8 août 1902, entre la France et la Grande-Bretagne ;
4º de la Convention commerciale relativ. aux colonies néerlandaises, signée, le 13 août 1902, entre la France et les Pays-Bas.

D. 19 septembre 1903.

L. N. 1903-3-395. —*J. off.* du 22 septembre.
Portant promulgat. de la Convention commerciale rel. à la Jamaïque, signée, le 8 août 1902, entre la France et la Grande-Bretagne.

D. 2 décembre 1903.

L. N. 1903-3-24. — *J. off.* du 8 déc. 1903.
Portant promulgat. de la Convention commerciale signée à Managua, le 27 janvier 1902, entre la France et le Nicaragua.

(Traités politiques).

D. 28 novembre 1900.

L. N. 1900-3-312. — D. P. 1901-4-84. — S. 1903-515. — *J. off.* du 1ᵉʳ décembre 1900.

Promulg. les actes internat. signés, le 29 juillet 1899, à la Haye (conférence de la Paix).

D. 17 janvier 1902.

L. N. 1902-3-63. — *J. off.* du 25.

Promulg. une convention rectificative de la frontière franco-belge.

L. 27 juin 1902.
D. 29 août 1902.

L. N. 1902-3-260 et 354. — S. 1904-670. — P. F. 1902-3-183. — *J. off.* du 11 juillet et du 6 septembre 1902.

Approuv. et promulg. la conv. signée le 28 mars 1900, entre la France et l'Espagne, pour régler l'exercice de la juridiction dans l'île de la Conférence.

D. 11 mai 1903.

L. N. 1903-3-183. — *J. off.* du 12 mai.

Portant approbat. et publ. du protocole signé à Washington, le 27 février 1903, entre la France et les États-Unis du Venezuela pour le règlement des réclamations contre le Venezuela.

L. 2 décembre 1903.

L. N. 1904-3-24. — P. F. 1904-3-32. — *J. off.* du 6 déc. 1903.

Rel. à l'extension des privilèges et immunités diplomatiq. aux membres d'un tribu. d'arbitrage.

L. 8 décembre 1883.

L. N. 1883-2-113. — D. P. 1884-4-9. — S. 1884-633. — V. Commentaire *Lois nouv.* 1884-1 (1ʳᵉ section), p. 1 à 84.
Élection des membres des Tribun. de commerce.

C. 13 février 1884.

L. N. 1884-3-17. — D. P. 1884-4-11 (note). — S. 1884-637.
Sur l'applic. de ce texte.

L. 18 juillet 1889.

L. N. 1889-3-211. — S. 1890-596. — P. F. 1889-3-49. — G. P. 1889-2-16. — V. Commentaire *Lois nouv.* 1889-1-685.
Modif. l'art. 617 C. com. (Composit. des Trib. de comm.).

L. 23 janvier 1898.

L. N. 1898-3-13. — D. P. 1898-4-14. — S. 1898-540. — P. F. 1899-3-17. — G. P. 1898-1-1.
Conférant l'électorat aux femmes pr. l'élection aux Trib. de comm.

C. 30 novembre 1903.

L. N. 1904-3-58.
Du min. just. — Différends entre les employés de comm. et leurs patrons ; art. 634 C. comm. et L. 25 mai 1838, art. 5 § 3 ; compétence simultanée du trib. comm. et du juge de paix ; jurisprudence de la cour de cassat.

C. 1er décembre 1903.

L. N. 1904-3-59.
Du min. just. — Ventes judic. d'immeubles dont le prix n'excède pas 2000 francs ; vérificat. des frais ; modificat. apportées au tarif des avoués.

L. fin. 30 décembre 1903.

L. N. 1904-3-1. — P. F. 1904-3-17. — *J. off.* du 31 déc. — V. Commentaire *Lois nouv.* 1904-1-1.
Art. 7, 8 : Autoris. l'aliénat. immédiate, au profit de l'État, après l'envoi en possess., de tous biens et valeurs dépendant de success. en déshérence ; modalités de ces ventes.

L. 31 décembre 1903.

L. N. 1904-3-16. — *J. off.* du 8 janvier 1904.
Rel. à la vente des objets abandonnés chez les ouvriers et industriels.

Liste des fiches comprises dans le service d'avril 1904.

En vente aux bureaux des « Lois Nouvelles »

Le commentaire de la loi du 1er juillet 1901, sur le **Contrat d'association** et des règlements d'administration publique du **16 août** suivant, par Georges Trouillot, député, rapporteur de la loi, et Fernand Chapsal, maître des requêtes au Conseil d'Etat. — 1 volume broché. — Prix : **10 francs.**

Le **Régime des Congrégations**, étude doctrinale et jurisprudentielle sur les lois des 4 décembre 1902 et 1er juillet 1901, et sur les projets et propositions de modification de cette loi, par H. Chevresson, avocat à la Cour de Paris, secrétaire de la rédaction des *Lois Nouvelles*. — 1 volume broché. — Prix : 2 francs.

Les **Accidents du travail**, commentaire de la loi du 22 mars 1902 et réformes réalisées à l'égard de certaines dispositions de la loi du 9 avril 1898, par J. Cabouat, professeur à la Faculté de Droit de Caen. — 1 volume broché. — Prix : 3 fr. 50.

Code rural, commentaire de la loi du 8 avril 1898 sur le régime des eaux et de la loi du 21 juin 1898 sur la police administrative, par Georges Graux, avocat, député du Pas-de-Calais, et C. Renard, docteur en droit. — 1 volume broché. — Prix : 5 francs.

Contributions indirectes, traité de jurisprudence générale en matière de contributions indirectes, par A. Bertrand, directeur des contributions indirectes, et P. Deschamps, commis principal à la direction générale des contributions indirectes. — 2 forts volumes brochés. — Prix : **12 francs.**

Le Gérant : COLIN.

Liste des principaux commentaires publiés dans les « Lois Nouvelles », au cours des dernières années.

1899

Commentaire de la loi du 26 juin 1898, sur la **police administrative**, par M. Georges Graux, député.

Commentaire de la loi du 18 juillet 1898, sur les **warrants agricoles**, par M. V. Emion, juge de paix à Paris.

Commentaire de la loi du 9 avril 1898, sur les **accidents du travail**, par M. J. Cabouat, professeur à la Faculté de Droit de Caen.

1900

Commentaire de la loi du 5 août 1899, sur le **casier judiciaire**, par M. A. Maulmond, avocat général à la Cour de Bourges.

Commentaire des lois relatives au **Travail industriel**, par M. Mesnard, conseiller à la Cour d'Amiens.

Commentaire de la convention franco-belge, sur la **compétence judiciaire**, etc., par M. C. Renard, docteur en droit.

1901

Commentaire de la loi du 25 février 1901, relative au **régime fiscal des successions**, par M. C. Vigié, doyen de la Faculté de Droit de Montpellier.

Commentaire de la loi du 20 décembre 1900, sur les **conditions du travail**, etc., par M. E. Mesnard, conseiller à la Cour d'Amiens.

Commentaire de la loi du 18 juillet 1901, garantissant leur travail aux **réservistes**, par MM. Odilon-Barrot, député, et G. Bonnefoy, avocat à la Cour de Paris.

1902

Commentaire de la loi du 1er juillet 1901, sur le **contrat d'association**, par MM. G. Trouillot, député, et F. Chapsal, maître des requêtes au Conseil d'État.

Commentaire de la loi du 10 juillet 1901, sur l'**assistance judiciaire**, par M. J. Pacton, substitut du procureur de la République près le tribunal civil de la Seine.

Commentaire de la loi du 7 avril 1902, sur les **brevets d'invention**, par M. A. Laborde, professeur à la Faculté de Droit de Montpellier.

Commentaire de la loi du 12 août 1902, sur le **notariat**, par M. J. Chanson, conseiller à la Cour de Toulouse.

Commentaire de la loi du 8 février 1902, sur les **titres au porteur**, par M. P. Magnin, avocat à la Cour de Grenoble.

1903

Le Régime des congrégations. — Commentaire de la loi du 4 décembre 1902 et étude de jurisprudence relative à la loi du 1er juillet 1901, par M. H. Chevresson, secrétaire de la rédaction des *Lois Nouvelles.*

Les accidents du travail. — Commentaire de la loi du 22 mars 1902, par M. J. Cabouat, professeur à la Faculté de Droit de Caen.

Les Bouilleurs de cru. — Commentaire de la loi du budget de 1903, par M. E. Schaffhauser.

La Traite des Blanches. — Commentaire de la loi du 9 avril 1903, par M. Matter, substitut du Procureur de la République près le tribunal civil de la Seine.

La Santé publique. — Commentaire de la loi du 15 février 1902, par M. Popineau, procureur de la République à Romorantin.

Mayenne, Imprimerie Ch. COLIN.

www.ingramcontent.com/pod-product-compliance
Lightning Source LLC
Chambersburg PA
CBHW072315210326
41519CB00057B/5086